독특한 예술 세계를 이뤄 낸 사람들

스티븐 스필버그

민혜정 글 · 김현경 그림

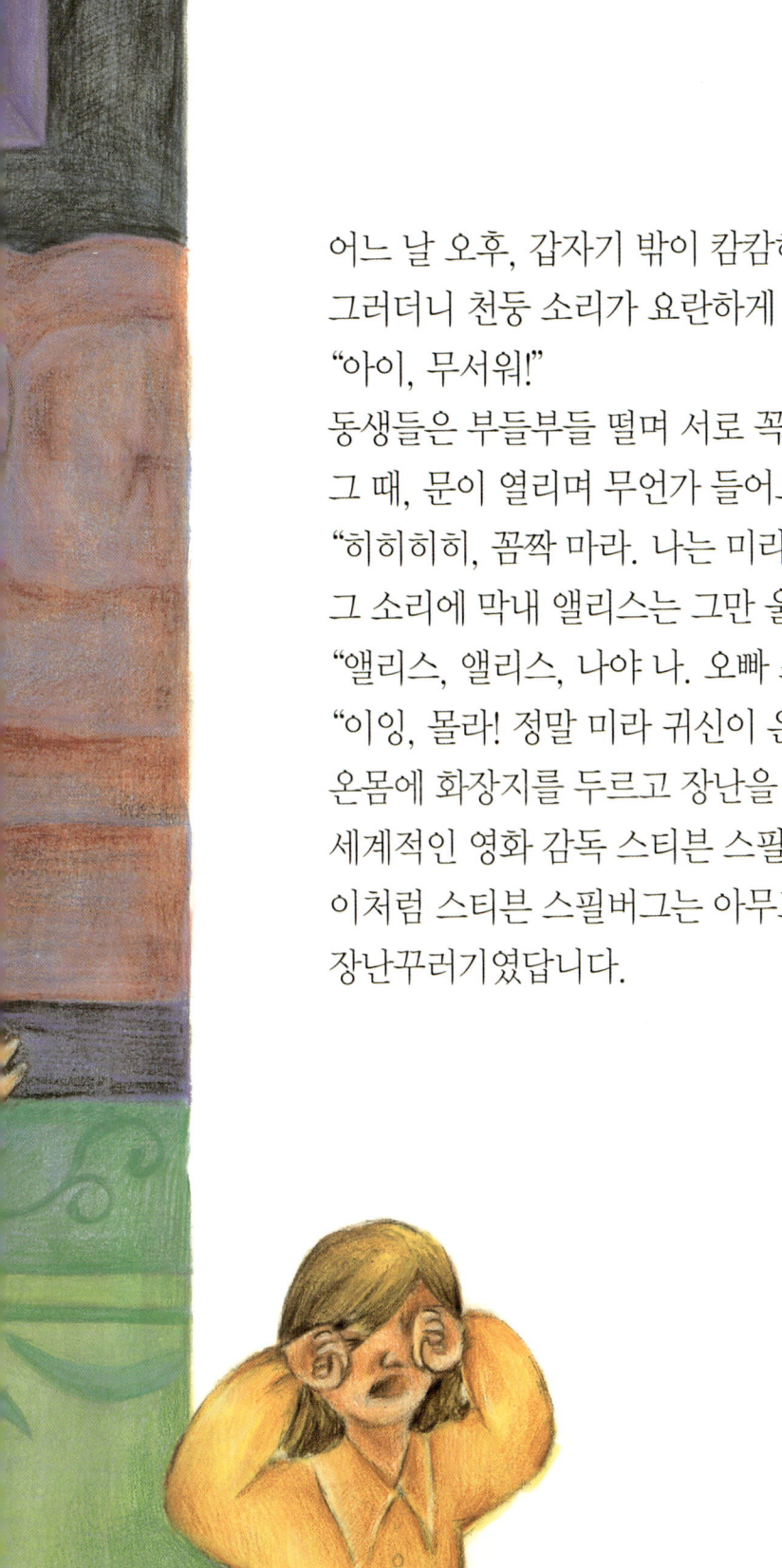

어느 날 오후, 갑자기 밖이 캄캄해졌어요.
그러더니 천둥 소리가 요란하게 들리기 시작했지요.
"아이, 무서워!"
동생들은 부들부들 떨며 서로 꼭 껴안았어요.
그 때, 문이 열리며 무언가 들어오는 게 보였어요.
"히히히히, 꼼짝 마라. 나는 미라 귀신이다!"
그 소리에 막내 앨리스는 그만 울고 말았답니다.
"앨리스, 앨리스, 나야 나. 오빠 스티븐이야."
"이잉, 몰라! 정말 미라 귀신이 온 줄 알았단 말이야!"
온몸에 화장지를 두르고 장난을 쳤던 이 아이가 바로
세계적인 영화 감독 스티븐 스필버그예요.
이처럼 스티븐 스필버그는 아무도 못 말리는
장난꾸러기였답니다.

스티븐은 밤 하늘에 떠 있는 별들을 보며
아버지에게 말했어요.
"아빠! 도대체 저 많은 별들은 누가 뿌리는 거죠?"
"글쎄, 저건 하느님이 만든 게 아닐까?"
스티븐은 말없이 별들을 올려다보았어요.
수많은 별들이 스티븐의 얼굴로
쏟아질 것만 같았지요.

"아, 이제 알았어요. 저건 우주에서 외계인들이 뿌리고 있는 거예요. 우리를 깜짝 놀라게 해 주려고 말이에요."
스티븐은 종종 외계인에 대한 생각을 했어요.
'언젠가 외계인 친구를 만나면 꼭 물어 봐야지...
왜 자꾸 별들을 뿌리는 거냐고.'
스티븐은 공부와 운동은 잘 하지 못했어요.
하지만 상상력만큼은 그 어느 누구보다 풍부했답니다.

스티븐은 학교 가기를 아주 싫어했어요.
아이들이 유대 인이라고 놀리며 놀아 주지 않았기 때문이에요.
"야, 유대 인 스필버그, 아니 스필벌레!"
친구들은 스티븐을 스필벌레라며 짓궂게 놀려 대기도 했어요.
"아빠, 유대 인이 그렇게 나빠요?"
"그렇지 않아. 진짜 네 모습을 몰라서 그러는 거야.
네가 잘 하는 것을 친구들에게 보여 주렴."
스티븐은 다시 우주의 외계인을 떠올렸어요.
'지금 외계인은 밤 하늘을 날아다니고 있겠지?
어쩌면 나를 내려다보며 웃고 있을지도 몰라.'
어느 새 스티븐의 마음은 언덕으로 달려갔어요.
언덕에 누워 밤 하늘을 오래오래
바라보고 있었지요.

따뜻한 어느 봄날, 스티븐의 가족은 여행을 떠났어요.
차 창문 너머로 아름다운 꽃과 나무들이 스티븐에게 반갑게
인사했어요. 스티븐도 손을 흔들어 답해 주었답니다.
"이 비디오 카메라로 아름다운 모습을 찍어 보렴."
어느 날, 아버지가 비디오 카메라를 선물해 주었어요.
"우와! 이 비디오 카메라가 정말 내 거예요?"
스티븐은 너무 기뻐 소리를 질렀답니다.
"자, 자, 옆으로, 조금만 더!"
스티븐은 가족들의 모습을 비디오 카메라에 담았어요.
비디오 카메라로 바라보는 세상은 너무나 달라 보였어요.
지금 스티븐의 눈은 그 어느 때보다 반짝반짝 빛나고 있답니다.

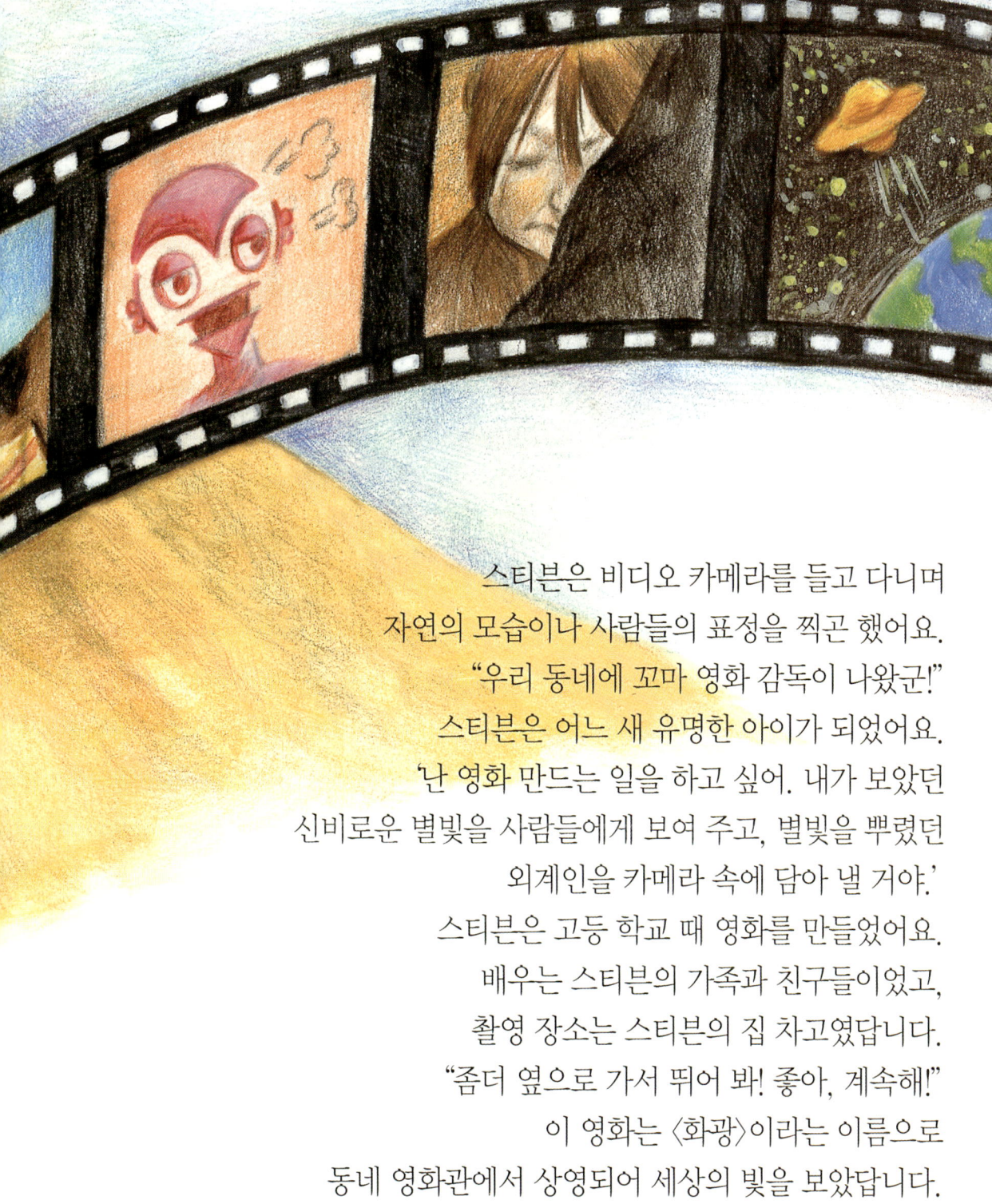

스티븐은 비디오 카메라를 들고 다니며
자연의 모습이나 사람들의 표정을 찍곤 했어요.
"우리 동네에 꼬마 영화 감독이 나왔군!"
스티븐은 어느 새 유명한 아이가 되었어요.
'난 영화 만드는 일을 하고 싶어. 내가 보았던
신비로운 별빛을 사람들에게 보여 주고, 별빛을 뿌렸던
외계인을 카메라 속에 담아 낼 거야.'
스티븐은 고등 학교 때 영화를 만들었어요.
배우는 스티븐의 가족과 친구들이었고,
촬영 장소는 스티븐의 집 차고였답니다.
"좀더 옆으로 가서 뛰어 봐! 좋아, 계속해!"
이 영화는 〈화광〉이라는 이름으로
동네 영화관에서 상영되어 세상의 빛을 보았답니다.

어느 날, 할리우드에서 영화사 사람이 스티븐을 찾아왔어요.
"자네가 만든 영화를 봤네. 우리와 함께 일해 보지 않겠나?"
"그게 정말입니까?"
할리우드는 너무나 신기한 곳이었어요. 유명한 영화 감독과 배우들이 열심히 일하고 있었지요.
처음에 사람들은 스티븐의 재능을 몰랐답니다.
"저렇게 어린데 무슨 영화를 찍겠어?"
그러나 스티븐은 그런 사람들의 말에 신경 쓰지 않았어요.
그리고 18년이 지난 어느 날, 마침내 스티븐 스필버그는 자신이 만든 영화로 그 해 가장 우수한 작품이나 감독, 배우에게 주는 아카데미 상을 받았답니다.

스필버그는 어린 시절부터 상상해 왔던
외계인을 영화로 만들어 냈어요.
"와, 외계인 이티는 정말 못생겼어!"
"이티가 자전거를 타고 하늘을 날고 있어."
우주에서 온 외계인 이티와 지구에 사는 어린아이의
우정을 그린 영화 〈이티〉는 대성공이었어요.
많은 사람들이 어른들은 알지 못하는 순수한 아이들의 마음과
스필버그의 상상력이 하나가 되어 만들어진 이 영화를
좋아했어요.
"너무 감동적이에요."
"정말 외계인이 있는 것 같군요."
영화가 끝나자, 사람들은 모두 자리에서 일어나
스필버그에게 박수를 보냈답니다.

"조스다! 조스가 나타났다!"
갑자기 거센 파도가 밀려오더니,
집채만한 상어가 바닷가에 나타났어요.
상어는 어떤 사람의 다리를 덥석 물었어요.
"아—악!"
사람을 잡아먹는 무시무시한 식인 상어는 금방이라도
화면 밖으로 튀어나올 것만 같았지요.
영화 〈조스〉를 만드는 동안 스필버그에게는
어려운 일들이 많이 있었어요.
"기계로 만든 상어가 자꾸 물 속으로 가라앉아."
"어쩌지? 물 속에 가라앉아 꼼짝도 안 해.
이젠 완전 끝이야."
하지만 스필버그는 영화를 다시 찍어 완성했고,
마침내 극장에는 사람들이 구름처럼 몰려들었어요.

스필버그가 만든 영화 〈백 투 더 퓨처〉는 아주 먼
미래의 모습을 담은 거예요.
미래에 살고 있는 주인공이 타임 머신을 타고
과거를 여행하는 재미있는 이야기지요.
"타임 머신을 타고 과거로 간다면 얼마나 좋을까?"
"아니야. 난 타임 머신을 타고 미래로 가서
날아다니는 자동차를 꼭 타 보고 싶어."
스필버그는 머릿속으로 상상만 하던 우리들의 꿈을
너무도 잘 보여 주었답니다.
어른이 된 피터 팬과 후크 선장의 이야기를 담은
영화 〈후크〉에서 스필버그는 힘들게 살아가는
사람들에게 꿈과 희망을 심어 주기도 했어요.

"세상에서 사라진 공룡을 영화로
살려 내겠습니다."
스필버그가 말했을 때 모든 사람들이 반대했어요.
"지금 제정신으로 하는 소린가?"
"도대체 공룡을 어떻게 만든다는 거야?"
하지만 스필버그는 컴퓨터를 이용하여
생생하게 살아 움직이는 공룡 영화를 만들어 냈어요.
그것이 바로 〈쥐라기 공원〉이에요.
커다란 공룡들이 숲 속을 두리번거리기도 하고,
한가롭게 나뭇잎을 뜯어먹기도 했어요.
하지만 사람을 해치는 무서운 공룡도 있답니다.
누구보다 상상력이 뛰어났던 스필버그는 아주 먼 옛날에
살았던 공룡을 데려와 전세계 어린이들을 즐겁게 해 주었어요.

영화 〈태양의 제국〉은 제2차 세계 대전이라는
전쟁을 배경으로 하고 있어요.
이 영화 속에 나오는 소년은 영국의 어느 부유한 가정에서
자랐어요. 그런데 전쟁이 일어나는 바람에 하루아침에
혼자 남게 되었답니다.
소년은 포로 수용소에서 비행기가 날아가는 것을 보게 되지요.
'나도 저 비행기를 타고 하늘을 날면 좋을 텐데.'
그러면서 소년은 비행기 조종사를 부러워하지요.
스필버그는 천진 난만한 아이의 눈으로 바라본 전쟁의 슬픈
모습을 영화 속에 잘 담아 냈어요.

'이 카메라에 영화의 내용과 잘 어울리는 아름다운 색깔을 함께 담아 낼 수는 없을까?'
스필버그는 오랫동안 준비한 끝에 배경이 아름다운 영화를 만들어 냈어요.
이 영화 〈컬러 퍼플〉은 1930년대 흑인 여성들의 따뜻한 삶과 사랑을 이야기하고 있어요.
"정말 뜨거운 감동이 느껴지는 영화야!"
"역시 스필버그는 최고의 영화 감독이야!"
이 영화를 본 사람들은 스필버그에게 아낌없는 찬사를 보냈어요. 스필버그도 이 영화를 만들면서 커다란 자신감을 갖게 되었다고 말했대요. 스필버그는 여기에 그치지 않고 새로운 이야기를 만드는 데 온힘을 쏟았어요.

마침내 스필버그는 오랫동안 가슴에 담아 두었던 이야기를 영화로 만들었어요. 바로 〈쉰들러 리스트〉랍니다.

이 영화는 세계 제2차 대전을 일으켜 많은 유대 인을 죽인 나치스의 잔혹함을 그렸어요. 어렸을 때, 자신이 유대 인이라는 것을 부끄럽게 생각했던 스필버그는 이 영화를 만들면서 오히려 자랑스럽고 당당하게 말했어요. "유대 인뿐만 아니라 이 세상에서 고통받는 모든 사람들에게 이 영화를 바칩니다." 스필버그는 〈쉰들러 리스트〉로 아카데미 상을 7개나 받는 큰 기쁨을 누렸답니다.

*나치스 : 독재자 히틀러가 1919년에 만든 당의 이름이에요.

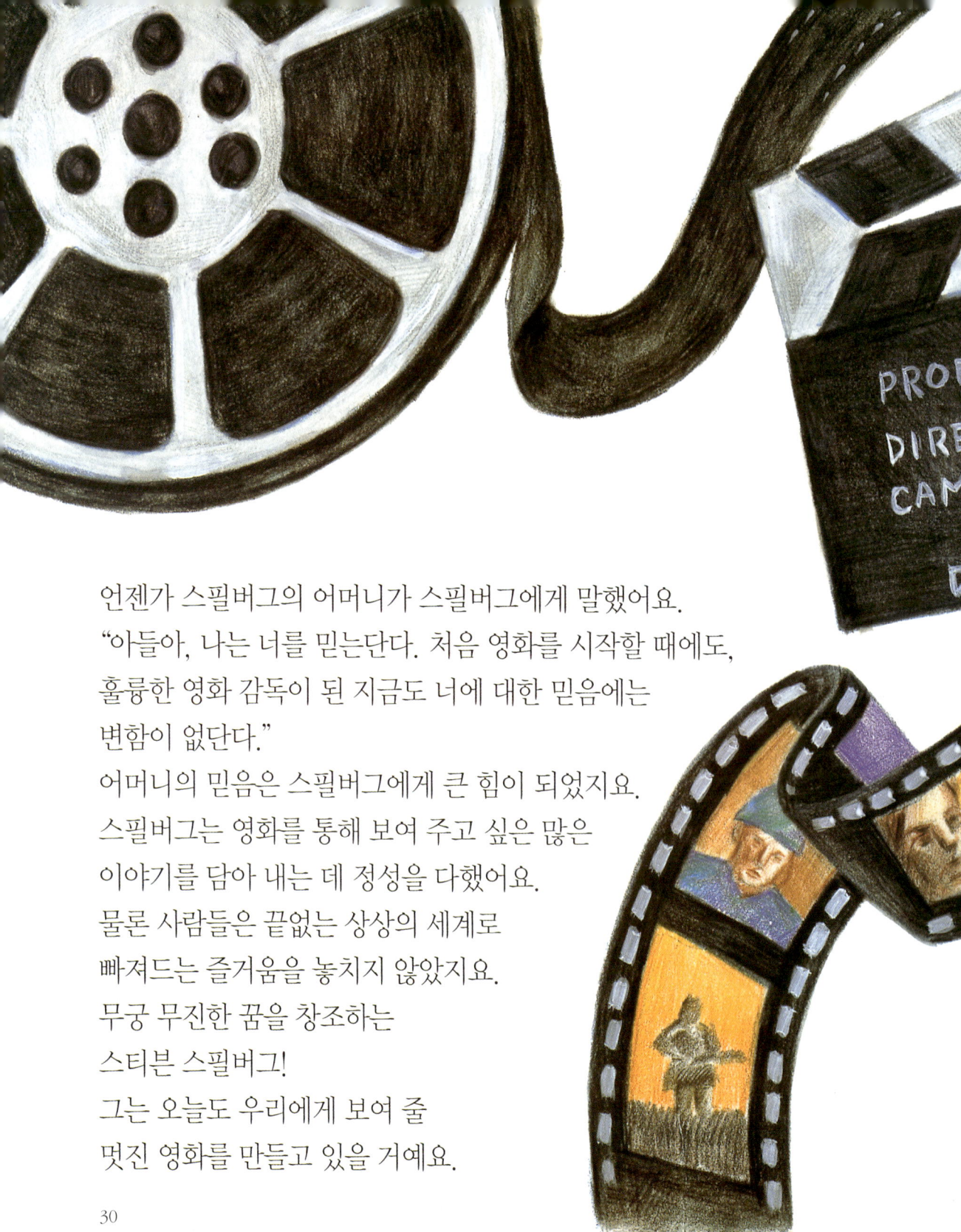

언젠가 스필버그의 어머니가 스필버그에게 말했어요.
"아들아, 나는 너를 믿는단다. 처음 영화를 시작할 때에도,
훌륭한 영화 감독이 된 지금도 너에 대한 믿음에는
변함이 없단다."
어머니의 믿음은 스필버그에게 큰 힘이 되었지요.
스필버그는 영화를 통해 보여 주고 싶은 많은
이야기를 담아 내는 데 정성을 다했어요.
물론 사람들은 끝없는 상상의 세계로
빠져드는 즐거움을 놓치지 않았지요.
무궁 무진한 꿈을 창조하는
스티븐 스필버그!
그는 오늘도 우리에게 보여 줄
멋진 영화를 만들고 있을 거예요.

스티븐 스필버그의 발자취

(1947~   )

1947년	미국 오하이오 주의 신시내티에서 태어남
1972년	아보리아츠 판타스틱 영화제에서 〈대결〉로 대상을 받음
1975년	〈조스〉로 아카데미 편집상, 효과상, 작곡상을 받음
1982년	영화 〈이티〉로 아카데미 오리지널 작곡상, 음향상, 시각 효과상 등을 받음
1989년	〈인디애나 존스 3〉으로 아카데미 음향 효과상을 받음

◀ 〈라이언 일병 구하기〉로 골든 글로브 감독상을 받고 기뻐하는 스티븐 스필버그

▲ 끝없이 꿈을 창조하는 스티븐 스필버그 영화 감독

1993년　영화 〈쉰들러 리스트〉로
　　　　아카데미 작품상, 감독상 등
　　　　7개 부문 수상
　　　　영화 〈쥐라기 공원〉으로 아카데미
　　　　음향상 등을 받음
1998년　영화 〈라이언 일병 구하기〉로
　　　　골든 글로브 감독상을 받음

▲ 로스앤젤레스 명예의 전당에서 별을 받고 포즈를 취하는 스티븐 스필버그

독특한 예술 세계를 이뤄 낸 사람들
스티븐 스필버그

꿈의 동산 네버랜드에서 벌어지는
신나는 모험 영화 〈후크〉

 스티븐 스필버그가 만든 영화 〈후크〉는 어른이 된 피터 팬과 후크 선장의 이야기랍니다. 후크 선장은 어린 피터 팬에게 번번이 당하기만 했지요. 그래서 후크 선장은 날마다 고민했어요.
 '어떻게 하면 피터 팬을 괴롭힐 수 있을까?'
 그러던 어느 날, 어른이 된 피터 팬은 아이들을 낳았어요. 아빠가 된 피터 팬은 하루 종일 일하느라 바빴지요.
 '그래, 피터 팬 몰래 아이들을 데려가야지.'
 결국 후크 선장은 피터 팬의 아이들을 데리고 몰래 사라졌어요. 피터 팬은 아이들을 찾아 환상의 섬 네버랜드로 갔어요. 처음에는 아무도 피터 팬을 알아보지 못했답니다. 피터 팬은 이미 어른이 되어 있었으니까요. 피터 팬은 그 곳에서 아이들을 찾기 위해 힘든 일을 겪지만, 결국 친구들의 도움으로 아이들을 구하게 된답니다. 또한 그 동안 잃어버렸던 꿈도 되찾게 되지요. 이 영화 〈후크〉는 힘들게 살아가는 사람들에게 꿈과 희망을 안겨 주었답니다.